novum pro

AF161085

SILVIA
SAVOIA-WÄLTI

ERFAHRUNGEN
MIT ENGELN UND DER
GEISTIGEN WELT

novum pro

www.novumverlag.com

Bibliografische Information der Deutschen Nationalbibliothek:

Die Deutsche Nationalbibliothek verzeichnet diese Publikation in der Deutschen Nationalbibliografie. Detaillierte bibliografische Daten sind im Internet über http://www.d-nb.de abrufbar.

Alle Rechte der Verbreitung, auch durch Film, Funk und Fernsehen, fotomechanische Wiedergabe, Tonträger, elektronische Datenträger und auszugsweisen Nachdruck, sind vorbehalten.

Gedruckt in der Europäischen Union auf umweltfreundlichem, chlor- und säurefrei gebleichtem Papier.

© 2024 novum Verlag

ISBN 978-3-99146-508-9
Lektorat: Isabella Busch
Umschlagfotos: Indigocrow, Lilkar I Dreamstime.com
Umschlaggestaltung, Layout & Satz: novum Verlag
Autorenfoto: Silvia Savoia-Wälti

www.novumverlag.com

Inhaltsverzeichnis

Vorwort 7
Wege zu innerem Frieden und Freiheit 8
Hilfe von Engeln 9
Hilfe von meinem Schutzengel 10
Hilfe im täglichen Leben 12
Hilfe aus der geistigen Welt 14
Ein wunderschöner Trost 19
Heilung 20
Botschaften von Verstorbenen aus
der geistigen Welt 21
Intuition und Bauchgefühl 23
Energetischer Schutz 26
Leben im Hier und Jetzt 30
Wege zu innerem Frieden und Freiheit
Liebe Dein Leben 33
Lerne, „Nein" zu sagen 35
Besiege deine Ängste 36
Äußere Werte 38
Zeige Rückgrat 39
Der vorgehaltene Spiegel 40
Dankbarkeit 42
Wertschätzung 43
Ehrlichkeit 44
Toleranz 45
Nächstenliebe 46
Hilfsbereitschaft 47
Achtsamkeit 48
Vergebung 49
Das Glück liegt in Dir 50
Schlusswort 52

Vorwort

Wer dieses Büchlein liest, soll sich daraus mitnehmen, was für ihn stimmt und ihm hilft.
 Es geht mir absolut nicht darum zu missionieren, zu bekehren oder zu belehren. Manche Begebenheiten werden für einige von euch unbegreiflich oder unglaubwürdig sein, doch alles, was hier drinsteht, habe ich so erlebt, wie es beschrieben ist.
 Dieses Buch schreibe ich, weil ich den Menschen, die sich dafür interessieren, zeigen möchte, dass es Vorkommnisse auf dieser Erde gibt, die man nicht erklären, verstehen oder beweisen kann, man muss sie erlebt haben.
 Auch möchte ich den Menschen Mut machen, die Engel um Hilfe zu bitten, wenn sie Hilfe benötigen und auch darauf zu vertrauen, dass es geschieht. Wenn wir aus tiefstem Herzen bitten, helfen sie uns immer, aber manchmal nicht so, wie wir das gerne möchten, denn auch sie dürfen nicht in unser Schicksal eingreifen. Sie helfen gerne, aber nicht aus eigenem Antrieb, sie helfen, wenn sie gefragt werden. Unser Schutzengel hilft nur, ohne gefragt zu werden, wenn wir in Todesgefahr sind und es noch nicht unsere Zeit ist zu gehen.

Wege zu innerem Frieden und Freiheit

In den Geschichten im zweiten Teil des Buches sind die Namen der Personen frei erfunden; sie könnten jedem von uns passiert sein. Der Inhalt dazu entspringt zum großen Teil aus meinen Erfahrungen. Ich möchte den Menschen Mut machen, sich mit der geistigen Welt auseinanderzusetzen. Wenn wir diese weiterhin schnöde als Einbildung und Fantasie einiger Spinner abtun, werden wir den inneren Frieden nie finden.

Hilfe von Engeln

Eines Tages ging ich zu meiner Mutter, um sie abzuholen. Ich wollte mit ihr einen gemütlichen Nachmittag bei uns zu Hause verbringen. Obwohl sie schon 86 Jahre alt war, liebte sie es, mit mir zusammen zu spielen. Kurz bevor wir die Wohnung verlassen wollten, klingelte das Telefon. Am anderen Ende war ihre um vier Jahre jüngere Schwester. Sie sagte ihr, dass sie bei sich zu Hause gestürzt sei, im Schlafzimmer auf dem Boden sitze und nicht in der Lage sei, wieder aufzustehen. Da sie zwei künstliche Knie hatte, war es ihr nicht möglich, sich hinzuknien.

Meine Mutter gab mir das Telefon und ich sagte meiner Tante, dass ich, bevor wir aus dem Haus gehen, ein Ritual für sie vollziehen und sie wieder anrufen werde, wenn wir bei mir zu Hause wären.

Ich suchte die Verbindung mit den Engeln und der geistigen Welt, bat die Engel um Hilfe, wünschte mir zwei Engel, die je auf einer Seite meiner Tante unter die Arme griffen und sie aufstellten. Im Auto sagte ich meiner Mutter, dass ihre Schwester steht. „Wie weißt du das?", fragte sie mich. „Ich kann es dir nicht sagen, aber ich weiß es."

Zu Hause angekommen, rief ich meine Tante an. Sie nahm den Hörer ab und eine hell begeisterte Stimme ertönte am anderen Ende. „Also, du kannst dir nicht vorstellen, was passiert ist, das ist unglaublich und unbegreiflich. Plötzlich machte es schwupp und ich stand auf den Beinen. Ich kann dir das nicht erklären, aber es fühlte sich an wie ein Aufzug, der mich aufstellte."

Es war genau das geschehen, worum ich gebeten und fest darauf vertraut hatte.

Daraufhin bedankte ich mich von ganzem Herzen bei meinen Helfern.

Hilfe von meinem Schutzengel

Als ich in die achte Klasse zur Schule ging, übernahm ich das alte Fahrrad meiner Cousine, weil sie ein neues bekam. Mein Heimweg führte über eine steile Straße hinunter auf eine Hauptstraße. Es war Mittag und auf der Hauptstraße viel Verkehr. Meine Freundin saß hinten auf dem Gepäckträger. Plötzlich spürte ich, dass die Bremsen nicht mehr anzogen, und ich hatte schon eine hohe Geschwindigkeit drauf. Ich sah keinen anderen Ausweg, als rechts in eine Nebenstraße einzubiegen. Durch die Geschwindigkeit driftete mein Fahrrad auf die linke Seite der Nebenstraße. Da stand ein Lastwagen!! Meine Freundin sprang ab und ich sah den Zwischenraum zwischen dem Zaun und dem Lastwagen. Auf beiden Seiten hatte ich keine zwei Zentimeter für mein Lenkrad. Plötzlich waren meine Gedanken wie weggeblasen, einfach ausgeschaltet. Als mein Hirn wieder funktionierte, stand ich unversehrt mit meinem Fahrrad hinter dem Lastwagen. Der Fahrer war ausgestiegen und hat mich angeschrien, der war außer sich. Später dachte ich, dass er einen Schock erlitten hatte. Ich konnte nichts sagen, ich war wie in Trance.

Ich bin mir sehr sicher, dass mein Schutzengel das Fahrrad gesteuert hat, weil es noch nicht meine Zeit war zu gehen. Ich selbst hätte es niemals geschafft, den Lenker durch diesen sehr engen Durchgang zu steuern.

Ein anderes Mal war ich an der Sense baden. Das ist ein Fluss in der Nähe von Bern. Plötzlich kam ich in eine starke Strömung. Das Wasser war nur etwas mehr als kniehoch, ich verlor den Halt und sah ein Loch in den großen Steinen, die wie eine Mauer in der ganzen Breite des Flusses lagen. Ich sprang mit dem Kopf voran hinein, danach spürte ich, wie ich in dem Loch herumgedreht wurde und verlor das Bewusstsein. Ich erwachte auf dem Rücken liegend etwa 200 Meter weiter unten, das

Wasser reichte mir bis zu den Ohren, die Nase und der Mund lagen oberhalb des Wassers.

An einem schönen sonnigen Herbsttag unternahm ich mit einem befreundeten Ehepaar eine Wandertour in den Bergen. Die linke Seite des Wanderweges war sehr steil und dicht bewaldet. Ich ging am Rand auf dieser Seite und stellte meine Wanderstöcke ein. Plötzlich gab der Rand des Weges nach und ich fiel durch das Dickicht und die Bäume den Hang hinunter. Ich weiß absolut nichts über den Sturz, mein Hirn war ausgeschaltet. Zuunterst am Bord fiel ich etwa 30 cm hoch auf den Boden. Mein Hirn schaltete sich ein und ich spürte Schmerzen am ganzen Körper. Ich brauchte eine Weile, bis ich aufstehen konnte. Mein erster Gedanke war: Wo ist meine Brille? Ich stand auf und kämpfte mich durch die Bäume und das Dickicht den Hang hinauf, um wieder auf den Wanderweg zu gelangen. Mitten zwischen den Bäumen sah ich einen großen Stein, der etwa einen Meter von der Sturzstelle entfernt war. Und was lag dort auf diesem Stein, schön zusammengefaltet, wie zu Hause auf dem Tisch? Meine Brille. Sie hatte keinen einzigen Kratzer abbekommen. Ich war sehr froh, denn ohne Brille wäre es schwierig geworden. Am Abend zu Hause vor dem Spiegel sah ich dann, was mir überall Schmerzen bereitete. Der ganze Körper war übersät mit blauen Flecken, von Kopf bis Fuß. Die Genesung dauerte sehr lange.

Meine Brille ging mir lange nicht aus dem Kopf. Wer hatte diese wohl so schön zusammengefaltet auf den Stein gelegt? Ich weiß es und ich habe mich auch sehr bedankt dafür.

Ich habe noch mehr solche Situationen erlebt und ich bin durch diese Erfahrungen sicher, dass, wenn wir in großer Gefahr sind und es nicht unsere Zeit ist zu sterben, unser Gehirn ausgeschaltet wird, damit unser Schutzengel ungehindert helfen kann.

Hilfe im täglichen Leben

In unserem Schlafzimmer haben wir zwei Mottensäcke aus Stoff, die aussehen wie Schubladen. Einen Meter lang, 50 cm breit und 20 cm hoch. Auf der oberen Seite gibt es einen Reißverschluss, um sie zu verschließen. Sie liegen beide nebeneinander oben auf dem Kleiderschrank. Im Sommer sind dort die Winterkleider verstaut und im Winter die Sommerkleider. Um sie herunterzunehmen und wieder nach oben zu befördern, muss ich eine Leiter benutzen.

Irgendwann im Frühling wollte ich die volle Schublade mit den Winterkleidern wieder auf den Schrank befördern. Ich stand auf der Leiter, die Mitte der Schublade auf meinem Kopf, mit beiden Händen rechts und links stützend, wollte ich dieses blöde Ding auf den Schrank befördern. Haha, ich hatte zu viel hineingepackt, somit war die Schublade höher als der Zwischenraum vom Schrank zur Decke. So stand ich also auf der Leiter und brach plötzlich in lautes Gelächter aus, weil ich mir vorstellte, wie blöd das aussehen musste. Dann sagte ich laut: „Hei, ich sehe schon, wie ihr alle lacht, ihr würdet mir besser helfen." Kaum gesagt, machte es schwupp und die Schublade war oben auf dem Schrank, ohne dass ich einen Finger gerührt hatte. Ich lachte und bedankte mich bei meinen Helfern.

Fragen Sie mich nicht, wie das geschehen konnte, ich weiß es nicht, aber es ist wirklich so passiert, ohne jegliches Zutun von mir.

Wenn wir mit dem Auto an einen Ort fahren müssen, an dem es selten bis keine Parkplätze gibt, können wir in der geistigen Welt darum bitten. Wenn wir voll darauf vertrauen, finden wir immer einen Parkplatz. Wenn keiner frei ist, einmal rundum fahren und einer wird frei.

Manchmal bitte ich am Abend um Hilfe, wenn ich ein Problem habe. Schon oft habe ich die Lösung geträumt oder sie ist mir beim Aufwachen wie ein Blitz in den Sinn gekommen.

Das gelingt nur, wenn wir voll darauf vertrauen, dass es geschehen kann. Leider ist da die andere Stimme in unserem Kopf, die uns sagt, das ist doch alles Quatsch, das funktioniert sowieso nicht. Wenn es uns nicht gelingt, diese Stimme durch Vertrauen zu bändigen, wird es nie funktionieren.

Hilfe aus der geistigen Welt

Das, was ich hier sage, ist meine ganz persönliche Meinung und Ansicht. Jeder Mensch muss seine eigene Sicht der Dinge entwickeln. Persönlich denke ich, dass wir von zu Hause auf diese Welt kommen, um zu lernen, um Erfahrungen zu sammeln, die uns auf unserem spirituellen Weg weiterführen. Wenn wir unsere Aufgaben erfüllt haben, gehen wir wieder nach Hause zurück.

Wir sind keine Marionetten von irgendwelchen himmlischen, geistigen Wesen. Wir haben alle unseren freien Willen, das zu tun, was wir wollen und was wir für uns als richtig erachten.

In uns haben wir einen Punkt, der uns sagt und uns spüren lässt, was für uns und unsere Gesellschaft wichtig ist. Der Gegenpol dazu sagt uns, was uns und unserer Gesellschaft schadet.

Leider haben wir in der heutigen Zeit verlernt, auf unsere innere Stimme zu hören. Es gibt zu viel Lärm, zu viel Stress, zu viel Gier nach Geld und Macht. Zu viele äußere Dinge, die uns, wie wir glauben, Befriedigung geben. Es gibt auch zu viel Elektronik, die uns dauernd ablenkt.

Hinzu kommt, dass wir denken, es bringe sowieso nichts, wenn nur Einzelne etwas für sich, für die Umwelt oder für den Frieden tun. Ich denke, wenn wir im kleinen Kreis anfangen, in der Familie, in der Nachbarschaft, im Freundeskreis, am Arbeitsplatz etwas zu verändern, wird das Wellen schlagen, die unsere Ideen weitertragen.

Wenn wir in unserem Alltag anfangen, Nächstenliebe, Hilfsbereitschaft, Toleranz und Respekt gegenüber Andersdenkenden zu leben, verändert das etwas in uns und in unserem Umfeld.

Wir sollten nicht immer alles bewerten und taxieren, sondern versuchen, die Menschen so anzunehmen, wie sie sind und das Beste daraus zu machen. Freundlich kann man immer sein, ohne eine engere Beziehung zu pflegen, denn es gibt sehr wohl Energien, die einem nicht guttun.

Jeder Mensch ist etwas Besonderes, auch wenn wir es manchmal nicht verstehen oder annehmen können.

Einmal wurde ich zu einer Frau im Altersheim gerufen, die nicht sterben konnte. Sie hatte Angst und schrie dauernd, manchmal leise, manchmal sehr laut. Als man mich zu ihr führte, sagte man mir, dass sie eine sehr starke Raucherin gewesen sei.

Als ich zu ihr ins Zimmer kam, sah ich die große Angst in ihren weit geöffneten Augen. Sie schrie und beim Ein- und Ausatmen hörte man sehr starke Geräusche aus den Lungen und Bronchien. Man ließ mich allein im Zimmer. Eine Betreuerin hatte das Gitter an ihrem Bett aufgestellt, damit sie nicht aus dem Bett fallen konnte. Ich streichelte ihre Wange, bei meiner Berührung kehrte sie sich ab und drehte sich zur Wand. Ich respektierte ihren Willen, nicht berührt zu werden.

Ich nahm Kontakt auf zu meinen Engeln und meinen Helfern aus der geistigen Welt, hielt eine Hand etwa zehn Zentimeter über dem Kronenchakra und die andere Hand etwa zehn Zentimeter über dem Solar-Chakra. Ich ließ die Heilenergie fließen und bat die Engel von ganzem Herzen, diese Frau in ihre Arme zu nehmen und sie ins Licht und die Liebe Gottes zu tragen, wenn es ihre Zeit sei zu gehen.

Nach etwa fünf Minuten drehte sich die Frau mit angezogenen Beinen auf meine Seite, beide Hände zusammengelegt unter ihrer Wange. Sie schlief ruhig und entspannt. Beim Ein- und Ausatmen hörte man keine Geräusche mehr und ich spürte eine fast feierliche, wohltuende Stille. In dieser tiefen Ruhe ist sie ohne aufzuwachen nach etwa einer Stunde hinübergeschlafen.

Solche Erlebnisse berühren mich zutiefst und stärken mein Vertrauen in die geistige Welt.

Es gibt Seelen von Verstorbenen, die kehren sofort in das Licht und die Liebe Gottes zurück. Andere Seelen brauchen zwei bis drei Tage, um sich vom irdischen Körper zu trennen. Einige tun das nicht, sie bleiben hier. Das hat nichts mit Strafe oder Verdammnis zu tun. Sie sind einfach hiergeblieben. Ich glaube, dass sie, aus welchem Grund auch immer, nicht gemerkt haben, dass sie gestorben sind. Wenn es an der Zeit ist, dass sie ins Licht gehen möchten, suchen sie Menschen, die ihnen dabei helfen können.

Vor vielen Jahren hat sich ein junger Mann, den wir kannten, in der Nähe unseres Wohnortes erschossen. Seit 17 Jahren wohne ich mit meiner Familie in der Nähe dieses Ortes. Am Anfang, als wir dort wohnten, musste ich immer kurz an diesen Bekannten denken, wenn ich mit dem Bus an dieser Stelle vorbeifuhr. Danach legte sich das und ich dachte viele Jahre nicht mehr an ihn.

Plötzlich war er jedes Mal, wenn ich im Bus vorbeifuhr, wieder bei mir, ohne dass ich an ihn gedacht hatte. Seine Präsenz wurde energetisch immer stärker und ich spürte, dass er Hilfe suchte.

So habe ich an einem Abend für ihn das Ritual mit meinen Helfern aus der geistigen Welt zelebriert, ähnlich wie ich es mit der sterbenden Frau getan hatte. Ich konnte sehen, wie er ins Licht und in die Liebe Gottes tauchte.

Danach kam er nie wieder, er war erlöst.

Dasselbe habe ich mit einem Mann gemacht, der in Südfrankreich an einem 14. Juli vor unseren Augen tödlich verunfallte. Sein Auto hatte sich auf der gegenüberliegenden Seite der Straße dreimal überschlagen. Beim dritten Mal wurde er rausgeschleudert und der vordere Teil des Autos fiel auf sein Gesicht, er war sofort tot.

Ohne dass ich an ihn dachte, war er zwei Jahre danach immer bei mir und stets war es der 14. Juli. Nach dem Ritual ist er nie mehr gekommen, auch er hatte seine Ruhe gefunden.

Vor einigen Jahren rief mich eine Mutter an, für die ich schon früher gearbeitet hatte. Ihre Tochter konnte nicht mehr schlafen, weil sie spürte, dass ihr Großvater, der vor neun Jahren verstorben war, in ihrem Zimmer war.

Die Familie hatte einen achtjährigen Hund, der in all den Jahren nie in diesem Zimmer war. Er bewegte sich frei in der ganzen Wohnung, außer in diesem Zimmer. Er setzte nie eine Pfote über diese Türschwelle.

Die Tochter hatte die Seele ihres Großvaters bis zu diesem Zeitpunkt nie gespürt. Ich bat die Frau, am Abend eine weiße Kerze in diesem Zimmer anzuzünden.

Am Abend nahm ich Kontakt zu dieser Seele auf und übte mit ihm das übliche Ritual des Lichts und der Liebe aus.

Am anderen Morgen lag der Hund auf dem Bettvorleger im Zimmer der Tochter.

Wir alle sind energetisch miteinander verbunden. Durch einen feinen, unsichtbaren Faden, der uns aus dem Kronenchakra auch mit dem Universum verbindet.

Wir tragen aber auch fremde Energien mit uns herum, die uns mit Menschen oder mit schlechten Erlebnissen verbinden.

Wenn ein Mensch an sich arbeitet und er sich von diesen Energien befreien kann, fühlt er sich danach viel besser und es fällt eine schwere Last von ihm ab.

Mit einer Meditation fällt die Trennung etwas leichter. Sie wird immer mit Licht und Liebe gemacht, denn auch der Mensch, der uns verletzt hat, ist eine verletzte Seele.

Durch die energetische Trennung bekommt man Abstand zu dem, was geschehen ist, man erhält eine andere Sichtweise und kann dadurch vielleicht eher verzeihen.

Energie sieht man nicht, aber sie hat eine sehr starke Wirkung.

Ein junger Mann hatte Probleme damit, dass ihn seine Mutter jeden Tag per Telefon anrief, um zu wissen, wie es ihm und seiner Familie ginge. Sie wollte bis ins kleinste Detail alles wissen und das begann ihn zu nerven. Deshalb entschloss er sich, die Trennung zu vollziehen und siehe da, die Mutter rief immer noch an, aber nur noch einmal die Woche und damit konnte er gut leben. Das Verhältnis hatte sich gebessert, ohne dass die Mutter etwas davon wusste.

Eine Frau hatte Probleme im Elternhaus. Es wurde viel gestritten und irgendwann machte man die Tochter für die Streitereien verantwortlich. Mit der Zeit wurde es ihr zu viel und sie zog zu Hause aus. Oftmals versuchte sie, den Kontakt wiederherzustellen, um zu reden. Sie bekam keine Antwort, es half nichts. Nach etwa zwei Jahren hörte sie von der Trennung der Energien. Sie entschied sich, diese zu vollziehen. Nach der Trennung fühlte sie sich viel besser, eine schwere Last fiel von ihr ab.

Nun lag noch eine schwere Arbeit vor ihr. Die Vergebung. Das muss jeder Mensch selber tun, das kann niemand anderes tun. Etwa drei Monate später ging sie allein spazieren. Sie ging an einem schönen Waldrand entlang und kam zu einer Bank. Die Stille und die Schönheit der Natur bewegte etwas in ihr. Plötzlich fühlte sie, dass sie bereit war, ihrer Mutter zu vergeben.

Am nächsten Tag bekam sie von ihrer Mutter, von der sie über zwei Jahre nichts gehört hatte, eine SMS. Sie fragte, ob sie nicht einmal Zeit habe für ein Treffen. So kam es, dass die beiden Frauen einen ganzen Nachmittag zusammen verbrachten und über alles sprechen konnten.

Ein wunderschöner Trost

Der Wunsch meiner Schwägerin war es, dass man ihre Asche im See verstreut, wenn sie gestorben sei. Sie wollte das am gleichen Ort, wo man die Asche ihres Mannes verstreut hatte. Als es so weit war, wurden mein Mann und ich zu dieser Zeremonie eingeladen. Ihr jüngster Sohn hielt eine kurze Rede über ihr Leben und sagte, dass alle, die möchten, etwas Asche aus der Urne ausstreuen dürften. In einer Schachtel lagen rote Rosenblätter, die man hinterher streuen durfte.

Als der Sohn begann, die Schrauben an der Urne zu lösen, kamen zwei Möwen angeflogen. Sie kreisten über dem Wasser bis hin zu uns und schnatterten dauernd zusammen. Nicht etwa beide miteinander, wie das die Möwen üblicherweise tun, nein, immer schön eine nach der andern. Sie drehten ihre Runden und schnatterten dauernd weiter.

Als die letzte Asche aus der Urne geleert war, verschwanden sie.

Ich sagte zu meinem Mann: „Deine Schwester und unser Schwager haben sich von uns verabschiedet." Er antwortete mir, dass er dasselbe gedacht habe. Die Seele kann nämlich überall hin, wohin sie gerne möchte.

Das war so berührend und tröstend, richtig feierlich.

Heilung

Vor langer Zeit besuchte ich einen Workshop für das geistige Heilen. Wir waren 14 Personen, davon ein junges Ehepaar. Dieser Mann war der einzige Mann in unserer Runde. Nach etwa drei Wochen bekam ich einen Anruf von der damaligen Leiterin des Workshops. Sie sagte mir, dass der Mann, der auch dabei war, einen Unfall hatte und dass das Trommelfell im rechten Ohr total zerfetzt sei. Der Arzt habe ihm gesagt, dass man das nicht heilen könne. Sie sagte mir, dass sie mit all den anderen Teilnehmerinnen abgemacht habe, dass wir alle zusammen jeden Abend um 21 Uhr dem Mann Heilkraft senden werden. Ich habe natürlich auch zugesagt und mitgeholfen.
Vier Wochen danach ging der Mann zur Kontrolle zum Arzt. Er schaute in das Ohr und sagte: „Ich bin am falschen Ohr." Der Mann antwortete ihm: „Nein, Sie sind am richtigen Ohr." Der Arzt schaute in das andere Ohr, ging zurück zum anderen Ohr, schüttelte den Kopf und sagte: „So etwas habe ich in meinem ganzen Leben noch nie erlebt. Das Trommelfell ist intakt, aber das ist ja gar nicht möglich."
So etwas kann nur geschehen, wenn man bei der Heilung vollständiges Vertrauen hat, dass es geschehen kann. Wir müssen auch lernen anzunehmen, was vom Schicksal her geschehen darf.

Botschaften von Verstorbenen aus der geistigen Welt

Es gibt gute Medien, die mit Verstorbenen Kontakt aufnehmen können. Eines davon ist eine liebe Freundin von mir.

In meiner Wohnung habe ich in einer etwas versteckten Ecke Fotos von unseren lieben Verstorbenen aus der Familie aufgestellt. Immer wenn jemand Geburtstag hat, stelle ich eine kleine Vase mit einer künstlichen Rose zum Bild.

Bevor meine Mutter mit 97 Jahren gestorben ist, haben wir oft zusammen über den Tod gesprochen. Meine Mutter ging auch in die Massage zu meiner Freundin. Ich sagte meiner Mutter, wenn sie mal gegangen sei und sie mir etwas sagen möchte, solle sie sich bei der Freundin melden. Nach ihrem Tod hat sie sich öfter gemeldet, wenn ich dort war.

Vor etwa drei Jahren ging ich für eine Massage zu meiner Freundin. Ich spürte schon im Wartezimmer die Energie meiner Mutter. Während der Massage sagte meine Freundin: „Deine Mutter ist hier, sie zeigt mir eine Rose." Ich habe nachgedacht und erwidert: „Ich weiß nicht, was meine Mutter mir mit dieser Rose sagen will, wir beide lieben Blumensträuße von der Wiese." Meine Freundin meinte, es sei sehr wichtig, meine Mutter würde mit der Rose in der Luft herumfuchteln und sie meiner Freundin energisch für mich entgegenstrecken, aber ich müsse wissen, worum es ginge und was sie damit meint. Ich seufzte und sagte: „Oh Mama, ich weiß doch nicht, was du mir mit dieser Rose ..." Ich hatte noch nicht zu Ende gedacht, da schoss es mir wie ein Blitz in meinen Kopf, uff, meine Schwiegermutter hatte an diesem Tag Geburtstag und ich habe vergessen, die Rose hinzustellen. „Jetzt lächelt deine Mutter und ist zufrieden", sagte meine Freundin.

Ist das nicht unglaublich, aber es hat sich genau so zugetragen, wie ich es geschildert habe.

Ich könnte noch viele solche Erlebnisse erzählen und genau wegen diesen Erfahrungen glaube ich nicht nur, dass es ein Weiterleben nach dem Tod gibt, sondern ich weiß es.

Ich weiß auch aus eigener Erfahrung, dass diese Kontakte wirklich stattfinden können.

Intuition und Bauchgefühl

Sicher haben schon viele von euch in der Bauchgegend ein Gefühl von Warnung verspürt.

Mit meiner Mutter besuchte ich einmal ein Einkaufszentrum. Ich parkte mein Auto neben einer Säule. Als ich die Tür öffnete, sah ich, dass ich total schräg, aber dennoch im Parkfeld eingeparkt hatte. Trotzdem dachte ich: ‚Nein, so kannst du doch das Auto nicht stehen lassen, das sieht ja doof aus.'

In dem Moment bekam ich einen Blitzgedanken: ‚Tu es nicht, wenn du zurückkommst, wird das Auto auf dem vorderen Platz weg sein und du kannst vorwärts rausfahren.'

Ich stieg aus und dummerweise schaute ich zurück und dachte wieder, dass das wirklich blöd aussähe. Ich ging zurück, um anständig zu parken und fuhr beim Rückwärtsfahren an den Pfosten. Die rechte Seite der hinteren Tür war eingedrückt.

Als wir vom Einkaufen zurückkamen, war der Parkplatz vor mir frei und ich hätte locker vorwärts rausfahren können. Ich war so was von sauer auf mich, weil ich meinem Bauchgefühl nicht vertraut habe.

Es folgten noch einige solcher Momente in meinem Leben, bis ich das volle Vertrauen in dieses Bauchgefühl erreicht hatte.

Wenn wir wieder lernen würden, auf unsere innere Stimme zu hören und darauf zu vertrauen, könnten wir uns viele Unannehmlichkeiten ersparen.

Meinen Enkelkindern habe ich stets gesagt: „Wenn ihr in eurem Bauchgefühl spürt, dass etwas für euch stimmt, dann tut es, auch wenn die ganze Welt sagen würde, das sei nicht gut für euch."

Jeder einzelne Mensch spürt, was für ihn stimmt und richtig ist, das kann ihm kein anderer Mensch sagen.

Wir sind auf dieser Welt, um unser Leben zu leben und nicht das von jemand anderem.

In einem Workshop für Intuition mussten wir zu zweit einander gegenübersitzen und versuchen, uns in die andere Person einzufühlen. Wir alle wussten nichts voneinander, nur unsere Vornamen.

Als wir die Übung begannen, wünschte meine Partnerin, dass ich zuerst arbeiten sollte, da sie so etwas noch nie gemacht habe. Ich versuchte, mich in die andere Person einzufühlen. Es klappte einfach nicht, bis ich merkte, dass mein Kopf dauernd ein Bild suchte. Ich schaltete die Gedanken aus, ging mit meinen Gefühlen in mein Herz und hatte sofort die Bilder dieser Frau in mir.

Ich sah ein wunderschönes Holzhaus, eine Art Chalet, auf den Fenstersimsen schöne rote Geranien. Um zum Haus zu gelangen, musste man eine fünfstufige Treppe hinaufsteigen. Auf der rechten Seite des Weges, der zu dem Haus führte, sah ich einen Gemüsegarten. Ich sah das Gemüse und ich sah auch Bohnenstangen, leere Bohnenstangen ohne Bohnen. Ich dachte: ‚Komisch, da sollten doch um diese Jahreszeit Bohnen dran sein.'

Mitten auf dem Weg stand ein runder, weißer Rosenbogen mit einer wunderschönen Kletterrose. Wenn ich vom Boden her an der Rosenstaude entlang sah und am oberen Ende des Rosenbogens war, fiel dieser weg und die Rosen blieben in der Luft stehen. Als wir wieder in die Gegenwart zurückkehrten, dachte ich für mich: ‚Also das mit dem Rosenbogen erzähle ich sicher nicht, das ist mir viel zu blöd.'

Ich fing an zu erzählen, was ich alles gesehen habe. Vom Aufgang mit der Treppe, wie das Haus aussah, die Geranien, vom Gemüsegarten mit den leeren Bohnenstangen, nur den Rosenbogen ließ ich aus. Die Frau sagte mir, es sei eine genaue Beschreibung ihres Hauses und des Gartens. Sie war erstaunt, dass ich die leeren Bohnenstangen gesehen habe. Ich fragte sie, warum diese noch leer seien, die sollten doch schon Bohnen tragen. Sie lachte und sagte mir, dass sie die Bohnen erst gestern gesetzt habe, damit sie zu einem späteren Zeitpunkt geerntet werden können, dann wenn sie von ihrem Aufenthalt in der Berghütte zurückkommen. Sie sagte mir, dass ich alles so gesehen habe, wie es ist, außer der wunderschönen Kletterrose an der Hauswandecke. Sie sitze manchmal eine lange Zeit davor, um sie zu bestaunen. Haha, ich habe die Rose gesehen, aber ich habe ihr das nicht gesagt. In all den Jahren habe ich gelernt, dass die Bilder nicht eins zu eins übertragen werden. Nicht der Rosenbogen, sondern die Rose war wichtig. So lernt man immer etwas dazu, genauso wie auf dieser Erde auch.

Gelernt habe ich auch, dass alles stimmt, was ich sehe, auch wenn es für mich keinen Sinn ergibt. Derjenige, den es angeht, muss wissen, was es damit auf sich hat, wenn ich etwas beschreibe. Manchmal kann auch die andere Person nichts damit anfangen, aber plötzlich, nach zwei bis drei Tagen oder auch später, fällt ihr auch ein, was es bedeuten sollte. Das Einzige, was ich tun muss, ist, auf die intuitive Botschaft zu vertrauen.

Energetischer Schutz

Wir können jederzeit einen energetischen Schutz anwenden oder darum bitten. Dabei visualisiert man einen Lichtkreis um seinen ganzen Körper, eine Mauer oder den dunkelblauen Mantel von Erzengel Michael.

Dieser dunkelblaue Mantel ist ein sehr starker energetischer Schutz, den ich stets gebrauche.

Sitzen Sie auf einem Stuhl, atmen Sie dreimal tief ein und aus und visualisieren Sie einen dunkelblauen Mantel, der unten zugenäht ist wie ein Sack. In Gedanken stehen Sie in diesem Mantel, ziehen ihn hinauf, schlüpfen in die Ärmel, ziehen den Reißverschluss hinauf und stülpen die Kapuze über den Kopf. Danach bitten Sie, dass alle fremden Energien draußen bleiben und Ihre Emotionen nach außen gehen können.

Dieser Schutz bewahrt uns vor Diebstählen, wenn Menschen uns belästigen oder wenn wir eine schwierige Situation mit unangenehmen Menschen vor uns haben.

Hier einige meiner Erlebnisse.

Vor vielen Jahren musste ich jeden Morgen um 7 Uhr durch die Bahnhofshalle zum Zug. Damals waren dort den ganzen Tag viele Menschen, die alle Passanten um Geld anbettelten. Zu dieser Zeit wusste ich nur von der energetischen Mauer und ich hatte starke Zweifel, dass das funktionieren würde. Ich dachte, ich könnte es mal versuchen. Ich visualisierte die Mauer um mich herum und siehe da, kein Mensch fragte mich mehr nach Geld. Nur die Menschen, die vor mir gingen und diese hinter mir, wurden noch gefragt.

Eines Tages besuchte ich meine Freundin in einem anderen Kanton. Es war Winter. Ich musste eine Stunde mit dem Zug fahren. Auf der Heimreise war der Zug voller Leute. Neben mir war noch ein Platz frei. Kurz vor Abfahrt setzte sich ein Mann neben mich. Sein Gepäck verstaute er unter der Sitzbank und das Laptop nahm er zu sich auf die Knie. Nach der Abfahrt des Zuges fing der Mann an zu husten. Ohne die Hand vor den Mund zu nehmen, hustete er in der Gegend herum. Er war stark erkältet und ich dachte mir, das muss ich nun wirklich nicht haben und habe zwischen ihm und mir einen goldenen Vorhang visualisiert. Nach ein paar Minuten wurde der Mann unruhig, schaute sich um und wurde immer nervöser. An der nächsten Haltestelle wurden weiter hinten im Zug einige Plätze frei. Nachdem er sich umgeschaut hatte, packte er all seine Sachen zusammen und wechselte den Platz und ging weiter nach hinten.

Wenn ich so etwas mache, tue ich es immer mit Licht und Liebe, denn ich will ja niemandem Schaden zufügen.

Energie sieht man nicht, aber sie hat eine unglaublich starke Wirkung!

Wir waren in Sainte Marie de la Mer in den Ferien. Im Dorf waren, Romas die den Menschen mit einer aufdringlichen Art und Weise aus der Hand lesen wollten. Sagte man Nein, wurden sie manchmal sehr böse.

Eines Morgens ging ich allein ins Städtchen und dachte, mal sehen, ob die Mauer auch bei den Romas funktioniert. Sie waren alle auf dem Dorfplatz verstreut auf Kundenfang.

Ich baute die Mauer um mich auf und als ich mich dem Dorfplatz näherte, sammelten sich die Romas am Rande des Platzes, bildeten einen Kreis, richteten die Köpfe nach innen und hielten sich mit den Armen über den Schultern fest. Dies geschah, ohne dass ein Wort gesprochen wurde. Ich ging an den Frauen vorbei, versteckte mich hinter einem Postkartengestell, um zu schauen, was passiert. Als ich vorbei war, schwärmten die Frauen aus und verteilten sich wieder auf dem Platz.

Dies geschah am Anfang meiner spirituellen Entwicklung und da ich kaum glauben konnte, was da passiert war, habe ich es noch zweimal an verschiedenen Tagen versucht. Es lief beide Male nach dem gleichen Schema ab wie beim ersten Mal.

Es ist sehr wichtig, bei der Arbeit mit der geistigen Welt geerdet zu bleiben. Dies gilt auch bei Erfolgserlebnissen im Leben. Bei Sportlern, Schauspielern, bei allen Menschen, die im öffentlichen Leben stehen, sieht man den Unterschied sehr gut, geerdet oder nicht.

Dazu gibt es eine einfache Übung:
Setz dich hin, schließe die Augen, atme dreimal tief ein und aus und stell dir in deinem Inneren vor, wie aus deinen Fußsohlen dicke Wurzeln wachsen. Diese werden immer länger und verankern sich in der Erde.
Diese Übung hin und wieder zu machen, kann sehr hilfreich sein.

Eines Abends, vor vielen Jahren, musste ich durch eine Straße, die nicht sehr belebt war. Es war schon dunkel. Plötzlich fuhr ein Auto ganz langsam an mir vorbei. Ein Mann saß darin.

Etwa 50 Meter weiter vorne drehte er um und fuhr langsam zurück, hinter mir kehrte er wieder um und fuhr langsam auf mich zu. Mich überkam ein mulmiges Gefühl. Ich schlüpfte in den blauen Mantel und bat aus vollem Herzen um Schutz. Der Mann gab Gas und fuhr mit erhöhter Geschwindigkeit davon.

Diesen Schutz kann man auch brauchen, wenn ein Mensch uns nicht mag und uns dauernd piesackt oder nervt. Eine Bekannte von mir erzählte, dass sie sich zusammen mit ihrem Mann in einer Curling-Gruppe angemeldet habe. Sie waren beide sehr begeistert von ihrem neuen Hobby, wenn nur dieser Mann nicht gewesen wäre, der die Frau dauernd runtermachte. Nichts war gut, nichts konnte sie richtig machen. Ich erzählte ihr von dem blauen Mantel. Einige Zeit später rief sie mich an und sagte mir, dass sie aufhören müsse mit dem Mantel. Der Mann sei seitdem so was von freundlich und zuvorkommend, dass es schon fast peinlich sei.

Diese Energie bewirkt eben auch bei der anderen Person etwas, ohne dass diese etwas davon weiß.

Obwohl ich schon Urgroßmutter bin, gehe ich auch heute noch am Abend durch den Bahnhof, wenn es sein muss. Ich habe keine Angst, denn Angst ist ein schlechter Begleiter. Die Angst lasse ich zu Hause und nehme die Vorsicht mit. In den blauen Mantel habe ich großes Vertrauen, ich bin geschützt. Bis jetzt hat es immer funktioniert und das, schon viele Jahre.

Das Schwierigste, um Vertrauen zu gewinnen, ist die Stimme in der rationalen linken Hirnseite. Um diese zum Schweigen zu bringen, habe ich mir etwas ausgedacht. Ich habe dieser Stimme ein Gesicht gegeben. Sie ist ein kleiner Teufel, ein Drache, ein Kobold oder sonst etwas, das passt. Jedermann kann sich das selber aussuchen. Wenn ich mir aus tiefstem Herzen etwas wünsche oder um Schutz bitte und der kleine Teufel dreckig lacht und hämisch meint, das ist alles Blödsinn, das funktioniert sowieso nicht, dann gebe ich ihm einen Klaps auf den Kopf und befehle, dass er schweigen soll. Mit der Zeit ist das Vertrauen durch Erfahrung so groß, dass er sich gar nicht mehr meldet.

Alle diese Beschreibungen und Beispiele habe ich nicht aus Büchern gelernt, es sind alles meine ganz persönlichen Erfahrungen.

Alles, was wir denken, sprechen oder tun, kommt irgendwann, früher oder später, auf uns zurück. Dieses ungeschriebene Gesetz gilt ausnahmslos für alle Menschen.

Wenn das die ganze Menschheit wüsste, hätten wir eine andere Welt!

Leben im Hier und Jetzt

Immer mehr Menschen versuchen im Hier und Jetzt zu leben. Wenn uns das gelingt, erhalten wir eine viel bessere Lebensqualität. Gedanken über die Zukunft bedrücken uns fast oder gar nicht mehr und wir fühlen uns frei.

Am besten gelingt es kleinen Kindern, einfach sie selbst zu sein und alles um sich herum zu vergessen. Wenn ein kleines Kind spielt, kann seine Mutter es rufen, so oft sie will, sie wird keine Antwort erhalten. Das ist nicht, weil das Kind unfolgsam ist, es ist so, weil das Kind sich selbst vergisst. Es ist nicht mehr es selbst, es ist das Spiel. Es hört und sieht nichts anderes mehr.

Einmal, irgendwann an einem wunderschön sonnigen Tag, saß ich bei uns auf dem Balkon. Ich schaute wie schon so oft den beiden Milanen zu, die ihre Kreise zogen. Ich liebe diese Vögel, sie faszinieren mich und es ist schön, ihnen beim Fliegen zuzuschauen.

Der Sonnenschutz war etwa zu einem Drittel heruntergezogen. Ich war so vertieft in den Flug dieser beiden Milane und so selbstvergessen wie ein Kind. Plötzlich flog einer der Milane ganz nahe an mir vorbei und berührte mit einem Flügel leicht die Sonnenstore. Ich war so sehr beeindruckt, für mich existierte nur noch dieser Milan. Plötzlich machte es schwupp und ich war in diesem Milan drin. Ich flog eine Weile mit ihm durch die Luft, sah weit unter mir die Felder der Bauern, von ganz hoch oben. Es war wunderschön, zugleich war ich derart erschrocken, dass ich sofort wieder auf dem Balkon saß.

Ich hatte schon von solchen Erlebnissen gehört, aber selber hatte ich das zum ersten Mal erlebt. Es war unbeschreiblich schön, ich versuchte seither immer wieder, dieses Erlebnis zu wiederholen, aber vor lauter Erwartung schaffte ich es bis heute nicht, noch einmal so selbstvergessen wie ein Kind da zu sitzen.

Wir alle sind einzelne Persönlichkeiten mit einem freien Willen und doch sind wir alle verbunden mit den Menschen, den Tieren und der wunderschönen Natur. Mit dem Leben auf dieser Erde und mit dem Leben in der geistigen Welt.

Wir haben die Freiheit, unseren Weg zu wählen, den wir gehen wollen. Den Weg der Dunkelheit oder des Lichts, wir haben alle alles in uns. Egal welchen Weg wir wählen, jeder muss ganz allein die Konsequenzen und die Folgen seines Tuns tragen und dafür geradestehen.

Wenn wir an uns arbeiten, ist es möglich, die Schatten- und Lichtseiten in eine Balance zu bringen und dadurch erhalten wir das innere Gleichgewicht. Das innere Gleichgewicht hat auch mit dem äußeren Gleichgewicht zu tun. Es lohnt sich, an sich zu arbeiten, denn man fühlt sich danach in sich selber sehr, sehr wohl. Man fühlt sich richtig gut und frei, ist man selbst in jeder Lebenslage.

Man selbst bleiben in jeder Situation ist wichtig, so ist man authentisch und glaubwürdig.

Es ist nicht einfach und das Schwierige daran ist, dass wir nie auslernen, bis an unser Lebensende.

Es wäre schön, wenn ich einigen Menschen mit meinen Erlebnissen und Erfahrungen die geistige Welt etwas näherbringen konnte.

Zum Schluss vom ersten Teil dieses Buches möchte ich Ihnen eine kurze Geschichte erzählen, die ich einem Kalenderblatt entnommen und abgeändert habe.

Ein junger Mann betrat im Traum einen Laden. Hinter der Theke stand ein Engel.

Hastig fragte der junge Mann ihn: „Was verkaufen Sie, mein Herr?"

Der Engel antwortete freundlich: „Alles, was Sie wollen."

Der junge Mann begann aufzuzählen: „Dann hätte ich gerne keine Kriege mehr auf der ganzen Welt, genug zu essen für alle

Menschen, Arbeit für alle, mehr Gerechtigkeit, Nächstenliebe, Hilfsbereitschaft, Respekt gegenüber allem und ... und ... und ..."

Da fiel der Engel ihm ins Wort: „Entschuldigen Sie, junger Mann, wir verkaufen keine Früchte, wir verkaufen nur den Samen."

Wege zu innerem Frieden und Freiheit
Liebe Dein Leben

Herr Feurig ist in einer Familie mit einem Bruder aufgewachsen. Sein Bruder war zwei Jahre älter als er. Weil dieser blitzgescheit war und er selber etwas weniger, wurde dieser stets gelobt. Ihm selber wurde ständig unterstellt, er sei dumm und unbeholfen. In Wahrheit war er im Denken nur etwas langsamer und brauchte auch etwas länger Zeit, um etwas auf die Beine zu stellen.

Herr Feurig hatte etwas, was seinem Bruder fehlte, weil dieser durch die Bevorzugung eitel und arrogant geworden war. Er selbst war feinfühlig, spürte Nächstenliebe und Hilfsbereitschaft für alle Menschen in seinem Umfeld. Er musste auch manchmal weinen, wenn ihn etwas sehr berührte. Dafür wurde er von seinem Bruder und den Eltern ausgelacht. Na ja, ein echter Kerl weint nicht, das ist doch nur was für Mädchen. Als ob Gefühle zu zeigen Mädchensache wäre. So ein Blödsinn, warum soll ein Mann keine Gefühle zeigen dürfen? Etwa, weil das über Hunderte von Jahren so bestimmt war und es auch für weitere hundert Jahre so bleiben soll?

Ich liebe Männer, die Gefühle zeigen können!

Durch die Erlebnisse seiner Kindheit fing Herr Feurig an, auf das zu hören, was die anderen Menschen über ihn sagten und dachten. Er passte sich an, um ja nichts Falsches zu tun oder zu sagen. Durch dieses Verhalten wurde er in sich gekehrt, fühlte sich in seinem Inneren nicht mehr wohl. Eines Tages wurde ihm bewusst, dass er tun konnte, was und wie er wollte, es gab immer wieder Menschen, denen etwas nicht passte, was er tat. Er wollte es doch so gerne allen recht machen, um anerkannt zu werden.

Eines Tages, als er in der Stille saß, um nachzudenken, fiel es ihm wie Schuppen von den Augen. Ihm wurde bewusst, dass er auf dieser Erde war, um sein eigenes Leben zu leben und nicht das der andern. Er musste nur sich selbst genügen und niemand anderem. Er begann auf seine innere Stimme zu hören und musste für niemanden mehr das angepasste Kind spielen und sich dabei aufgeben.

Er fühlte eine innere Ruhe und fühlte sich frei und glücklich, weil er endlich seinen eigenen Lebensweg gefunden hatte.

Lerne, „Nein" zu sagen

Frau Sorg war eine Frau, die man für fast alles gebrauchen konnte. Benötigte man Hilfe im Haushalt, Kinder hüten oder Wohnung putzen bei einem Umzug, sie war stets zur Stelle. Sie half, wo sie nur konnte und zu allen Zeiten. Eines Tages spürte sie, dass sie immer weniger Kraft hatte und oft müde war. Trotzdem half sie bedingungslos weiter, wenn sie gefragt wurde. Nach einem Zusammenbruch, Arztbesuch und Reha saß sie eines Nachmittags an ihrem Küchentisch bei einer Tasse Tee.

Da kam ihr der Gedanke: ‚Warum tust du das? Warum bist du immer für alle da, auch über deine Kräfte hinaus? Warum willst du für andere stets alles tun?'

Sie überlegte kurz und dachte, sie muss bei diesen Fragen ehrlich sein. Danach ging sie in Gedanken in ihre Kindheit zurück. Diese hatte sie wie einen Kinofilm vor Augen. Ihrem Vater konnte sie nichts recht machen. Sie konnte tun und lassen, was sie wollte, er hatte immer etwas zu meckern und auszusetzen. Dabei bemühte sie sich sehr, weil sie doch so gerne die Anerkennung und Wertschätzung ihres Vaters bekommen wollte. Es half nichts und so blieb ihre Beziehung freundlich, aber kühl. Dieses Gefühl des nicht Angenommenseins hat sie nie verlassen. Aus diesem Grunde kommt aus ihrem tiefen Inneren das Bedürfnis, überall beliebt zu sein.

Ja, und nun? ‚Nun bin ich bald dreißig Jahre alt, Zeit, dieses belastende Muster abzulegen.'

Ab diesem Zeitpunkt lernte Frau Sorg, Nein zu sagen. Sie half wohl noch, wenn sie gefragt wurde, aber niemals mehr über ihre Kräfte hinaus.

Siehe da, sie hatte das Gefühl, dass sie von ihren Mitmenschen sogar mehr geachtet und wertgeschätzt wurde als früher und ihr war es sehr wohl dabei.

Besiege deine Ängste

Herr Stoll war ein aufrichtiger, arbeitsamer Mensch, der in seinem Umfeld sehr geschätzt wurde. Doch etwas machte ihm zu schaffen, seine Ängste. Die hatte er schon, so lange er denken konnte. Er versuchte stets, sie nach außen nicht zu zeigen.

Angst, krank zu werden, Angst, einen Unfall zu erleiden, Angst, die Arbeit zu verlieren, Angst, zu wenig Geld zu haben, Angst, sich nicht richtig zu verhalten und Angst, einen lieben Menschen durch den Tod zu verlieren.

Angst ist eine sehr niedrige Energie, vor allem wenn man um jemanden Angst hat, schadet man dieser Person, ohne dass wir das wollen. Es ist die Energie, die wir dem andern mit dieser Angst schicken, die sehr negativ, behindernd und schädlich ist.

Eines Tages ging Herr Stoll mit einem sehr guten Freund auf eine Wanderung. Als sie durch einen wunderschönen Wald gingen, begann Herr Stoll seinem Freund von seinen Ängsten zu erzählen. Er sagte ihm auch, dass diese ihm immer mehr Kraft wegnahmen.

Sein Freund hörte geduldig zu. Als Herr Stoll fertig erzählt hatte, sagte ihm sein Freund Folgendes: „Weißt du, auch ich habe manchmal Ängste, die hat doch jedermann, aber man kann sie überlisten, wenn sie einen nicht mehr loslassen. Wenn in mir zum Beispiel unbegründet die Angst aufkommt, krank zu werden, weil Menschen um mich herum erkältet sind, dann sage ich laut zu mir: ‚Stopp, heute geht es mir gut, heute bin ich gesund.' Das wiederhole ich so lange, bis sich die Angst in mir aufgelöst hat. Diese Methode gilt für alle Ängste. Vielleicht ist das schwer zu verstehen, aber es hilft tatsächlich. Wenn man sich in die Angst hineinsteigert und mit den Gedanken Energie zuführt, wird sie immer stärker, wenn ich ihr mit diesem Stopp und dem Satz ‚Es geht mir gut' die Stirn biete, wird sie immer schwächer und mit der Zeit verschwindet sie.

Ein Beispiel, wenn du in zwei Monaten zum Zahnarzt musst und du schon heute und jeden Tag dich davor fürchtest, dann wird die Angst immer stärker und frisst dich auf. Wenn du aber jeden Tag zu dir selber sagst ‚Stopp, heute muss ich nicht zum Zahnarzt, heute geht es mir gut', dann wird die Angst immer schwächer und verschwindet.

Das, was wir denken, ziehen wir an und das sage ich dir aus eigener Erfahrung.

Wenn du dich für andere Menschen ängstigst, wandle die Angst in strahlendes weißes Licht um und schicke es demjenigen, um den du Angst hast. Licht senden ist hundertmal effizienter, positiver und hilfreicher als die tiefe Energie der Angst. Das Licht hilft und schadet nicht."

Obgleich Herr Stoll voller Zweifel war, arbeitete er daran und durfte erleben, wie sein Leben viel freier und freudvoller wurde.

Äußere Werte

Frau Ernst hatte ein sehr geringes Selbstwertgefühl. Sie glaubte, weniger wert zu sein als andere Menschen. Sie schaute zu den Menschen auf, die viel Geld hatten, ein großes Haus besaßen oder ein teures Auto fuhren.

Sie selber verdiente bei ihrer Arbeit genug, um einfach, aber gut leben zu können. Aber eben, weil ihre Verhältnisse einfacher Art waren, fühlte sie sich minderwertig.

So fing sie an, bei einer Bank Geld zu borgen, um sich wenigstens teure Ferien leisten zu können und obendrauf ein schönes Auto zu besitzen. Sie kaufte Markenkleider und Markenschuhe und speiste in teuren Restaurants.

Die monatlichen Ausgaben und Zahlungen wurden dadurch ständig höher, denn die Ratenzahlungen plus Zinsen fraßen mit der Zeit fast ihr ganzes Gehalt auf.

Plötzlich spürte sie, dass ihr die teuren Ferien und das schöne Auto keine innere Befriedigung brachten, dazu kam die Geldknappheit, durch die sie immer mehr Sorgen hatte. Das Schlimmste aber war, als sie spürte, dass sie trotz ihres teuren Lebens von den Menschen nicht mehr Beachtung bekam als zuvor.

Nach weiteren Tagen mit nur Suppe und Brot am Ende des Monats, sagte sie laut zu sich selbst: „Fertig, jetzt reicht's." Sie besorgte sich kein weiteres Geld mehr und lebte wieder von dem, was sie verdiente.

Mit der Zeit spürte sie auch, dass Zufriedenheit mit dem, was man hat, genügt, um glücklich zu sein. Es braucht keine Millionen, kein Haus und kein teures Auto, um jemand zu sein. Es genügt, man selbst zu sein und sich selbst treu zu bleiben.

Es gibt immer wieder Menschen, die weniger haben als andere und die sind mit Bestimmtheit niemals weniger wert als andere.

Zeige Rückgrat

Im Leben machen wir viele Fehler, das ist auch gut so, denn aus unseren Fehlern können wir viel lernen. Es ist für unsere Entwicklung auch wichtig, dass wir für unsere Fehler geradestehen und die Verantwortung dafür übernehmen. Eine Entschuldigung hat noch niemandem geschadet. Je nach Charakter oder Erziehung muss man das zuerst lernen, aber um zu lernen sind wir ja auf diese Welt gekommen.

Wenn man bei der Arbeit, in der Freizeit-, in der Sportgruppe oder in der Familie mit jemandem nicht einig ist, sollte man reden. Mit Respekt und Anstand, ohne den anderen zu erniedrigen oder zu demütigen. Wenn man wütend ist, ist es daher besser, sich hinzusetzen, dreimal tief ein- und auszuatmen, runterzufahren und dann erst das Gespräch zu suchen.

Das Schlimmste ist, hintenrum zu reden. Wenn man nicht mit dem Menschen spricht, den es betrifft, kann man ihm großes Unrecht antun. Man erzählt den anderen Menschen das, was man selber glaubt zu wissen, was derjenige denkt. Niemand, absolut niemand kann wissen, was jemand anderes denkt, man kann immer nur vermuten.

Wir alle haben die freie Wahl, auf solche Gerüchte einzugehen oder nicht. Es gibt immer Menschen, die gerne tratschen und mit Dreck um sich werfen, sei es aus Neid, aus Eifersucht oder ganz einfach aus Freude.

Am besten ist es, diesem Geschwätz keine Energie zu geben und es auf der einen Seite aufzunehmen und auf der anderen Seite rauszulassen.

Eine andere Verhaltensweise ist, den Menschen, die tratschen wollen, einfach zu sagen: „Es interessiert mich nicht, was über andere Menschen erzählt wird."

Wenn wir diese Verhaltensweise gelernt haben, fühlen wir uns in unserer Mitte viel stärker und wir bleiben uns selbst treu.

Der vorgehaltene Spiegel

Oftmals, wenn wir mit jemandem Probleme oder Streit haben, geben wir die Schuld dem anderen. Es wäre sehr hilfreich bei einem Streit, sich selber anzuschauen, denn alles, was uns am Gegenüber nicht passt, hat oft mit uns selbst zu tun. Der Andere hält uns den Spiegel vor. Wenn wir dann das Problem bei uns selbst lösen, wirkt sich das auch auf unser Umfeld aus. Dazu ein Beispiel, wie das funktionieren kann.

Frau Claros war glücklich verheiratet. Sie hatte einen lieben Mann und zwei Kinder. Als die Kinder erwachsen waren und auszogen, um ihr eigenes Leben zu leben, wurde ihr Mann nach einiger Zeit immer unzufriedener. Er kam fast jeden Abend mürrisch nach Hause. Sie fragte ihn, ob er Schwierigkeiten im Geschäft habe, was er verneinte.

Eines Tages erzählte sie ihren Kummer ihrer besten Freundin. Nachdem diese ihr zugehört hatte, gab sie ihr Folgendes zu bedenken. „Weißt du, solange die Kinder zu Hause sind, bemühen wir uns, dass es ihnen an nichts fehlt. Wir machen sie auf Gefahren aufmerksam, lehren sie, das Leben zu meistern, wecken sie am Morgen, wenn es Zeit ist aufzustehen und so weiter und so fort. Wenn dann die Kinder aus dem Haus sind, spüren wir manchmal nicht, dass wir diese Fürsorge auf unseren Mann übertragen. Der jedoch braucht diese Betreuung nicht, denn er ist ja erwachsen.

Versuch doch mal, dich von deinem Mann energetisch zu lösen. Das kannst du zum Beispiel, indem du ihn in Gedanken in ein Boot setzt, dem Boot einen kleinen Schubs gibst, damit er auf dem Fluss gleiten kann. Wünsche ihm dabei alles Gute und dann schau, was passiert."

Frau Claros dachte auf dem Heimweg darüber nach, was die Freundin gesagt hatte. Sie dachte, das ist doch Blödsinn, das kann doch nicht funktionieren.

Einige Tage später spazierte sie an einem Fluss entlang. Plötzlich dachte sie an ihren Mann und an das, was ihre Freundin gesagt hatte. ‚Warum versuche ich das nicht', dachte sie, ‚es kostet ja nichts.' Am Ufer sah sie eine Bank, sie setzte sich darauf und visualisierte das Boot, setzte ihren Mann hinein und tat das, was ihr geraten wurde. Sie konnte kaum erwarten, dass ihr Mann nach Hause kam. Und siehe da, es war der erste Abend seit langer Zeit, dass ihr Mann zufrieden und strahlend nach Hause kam und das blieb für sehr lange Zeit so.

Je mehr wir uns lösen, je enger wird die Beziehung, je mehr wir klammern, desto schwieriger wird sie.

Wenn jemand nicht zufrieden ist und dies an mir auslässt, oder wenn er mich dauernd kritisiert, oder wenn mich etwas an meinem Gegenüber stört, habe ich für mich eine gute Methode gefunden. Ich stehe in Gedanken neben mir oder ich stelle mich in Gedanken auf eine Bühne, setze mich in die erste Reihe und schaue mir selbst zu, wie ich mich verhalte, wenn ich mit diesem Menschen spreche.

Manchmal erschrecke ich, wenn ich sehe, wie ich mich verhalte. Man muss ehrlich sein und zulassen, dass auch wir unsere Fehler und Schwächen haben. Sobald ich erkannt habe, dass ich genauso ruppig tue wie mein Gegenüber und ich auch dazu stehe, kann ich an mir arbeiten und mein Inneres ins Gleichgewicht bringen. An sich arbeiten kann man nur, wenn uns etwas bewusst ist und dazu sind diese beiden Methoden sehr hilfreich.

Ich bin dankbar für jeden Spiegel, der mir vorgehalten wird, so kann ich mich bewusster entwickeln und in meiner Spiritualität weiterbringen.

Dankbarkeit

Wir sollten lernen, dankbar zu sein, denn uns geht es so gut, dass für uns alles selbstverständlich geworden ist.

Genug zu essen, viel sauberes Trinkwasser, das wir sogar zum WC spülen, zum Autowaschen und zum Garten gießen benutzen können. Weil alles einfach so und im Überfluss vorhanden ist, haben wir verlernt, dies alles zu schätzen. Dies ist ein Grund dafür, dass wir eine respektlose Wegwerfgesellschaft geworden sind.

Dankbarkeit für unser Leben, auch in mühsamen Momenten, wäre angebracht. Gerade in schwierigen Zeiten entwickeln wir uns in unserem Innern am meisten. Lernen anzunehmen, was uns das Leben bringt und versuchen, das Beste daraus zu machen. Das ist nicht immer einfach, aber sehr wirkungsvoll auf dem Weg zu innerem Frieden und Freiheit.

Dankbarkeit für unsere Gesundheit, für unseren Arbeitsplatz, für gemeinsame Stunden mit der Familie oder mit Freunden.

Dankbarkeit für die Hilfsbereitschaft fremder Menschen, wenn wir auf Reisen oder sonst wo unterwegs sind.

Dankbarkeit für die wunderschöne Natur auf unserer Erde, für den Sonnenschein, den Regen und für die Vielfalt der Tiere und der Pflanzen.

Wenn wir Dankbarkeit lernen und nicht mehr alles als selbstverständlich hinnehmen, werden wir achtsam und das ist ein weiterer Mosaikstein auf dem Weg zu innerer Freiheit.

Wertschätzung

In der heutigen Zeit ist es üblich, die Menschen in verschiedene Kategorien einzuteilen.
Zu Menschen in einer höheren Position schaut man auf. Auf Menschen, die in einer unteren Position arbeiten, schaut man herab. Zum Beispiel, zu einem CEO schaut man auf, auch noch dann, wenn er Mist gebaut hat. Selbst dann wird er mit Millionen abgespeist, wenn er gehen muss.
Einem Menschen im unteren Bereich wird gnadenlos gekündigt, ohne Boni, wenn er einen Fehler begangen hat.
Warum gilt ein Mensch mehr, wenn er eine höhere Position innehat als ein Straßenkehrer?
Warum schauen wir zu einem Menschen auf, der reich an Geld ist, eine Villa hat und teure Autos?
Warum schauen wir auf einen Menschen herab, der arm an Gütern ist?
Wir Menschen machen diese Unterschiede.
Es gibt keinen Unterschied! Wir alle stehen auf derselben Treppenstufe, sitzen im gleichen Boot beim Rudern.
Jeder Mensch ist gleich viel wert, ob reich oder arm, denn ohne die da unten wären die da oben nicht begütert.
Leider erhalten die da unten sehr wenig Wertschätzung von denen da oben, obwohl sie es sind, die denen da oben geholfen haben, zu ihrem Reichtum zu kommen.
Mit Wertschätzung meine ich nicht nur Geld, sondern menschliche Wertschätzung. Ein ehrliches Dankeschön oder ein Lob tut jedem Menschen gut.

Ehrlichkeit

Ehrlichkeit fängt bei sich selbst an. Wenn wir nicht ehrlich zu uns sind, werden wir auch Mühe haben, diese bei den Mitmenschen anzuwenden.

Auf die Frage, warum wir nicht die Wahrheit gesagt haben, hören wir oft, das ist doch nicht so schlimm, das war nur eine Notlüge, um den anderen nicht zu verletzen. Wenn mich eine Kollegin fragt, ob ich wieder mal zu ihr zum Kaffee kommen möchte, warum brauche ich dann eine Notlüge? Ich könnte ganz einfach sagen, dass ich im Moment keine Lust dazu habe, wir uns aber zu einem späteren Zeitpunkt gern wieder mal verabreden können. Wenn die Kollegin das nicht versteht, muss sie lernen, ein Nein zu akzeptieren, ohne danach böse zu sein.

Jeder Mensch kann sich so weiterentwickeln. Wenn wir Notlügen brauchen, verwehren wir dem anderen die Chance, darüber nachzudenken und zu akzeptieren, dass nicht alle Menschen gleicher Meinung sind.

Wenn wir anderen Menschen etwas stehlen oder in einem Geschäft etwas entwenden, ohne zu bezahlen, dann betrügen wir in erster Linie uns selbst. Es geschieht immer, was ich in einem vorderen Kapitel geschrieben habe: Alles, was wir tun, denken oder sagen fällt früher oder später auf uns zurück.

Toleranz

Leben und leben lassen, das ist meine Devise. Bei freundlichen Menschen fällt uns das leichter, da sind wir toleranter als bei Menschen, die mürrisch oder boshaft sind.

Wie wäre es, einmal zu versuchen, über seinen Schatten zu springen? An einem schönen, warmen Sommerabend, wenn der Nachbar auf dem Balkon grillt. Das duftet und manchmal entsteht auch Rauch. Wenn uns das nervt, könnten wir uns auch sagen, hei, der Sommer ist so kurz, lassen wir denen doch die Freude.

Wenn kleine Kinder über uns wohnen und ab und zu umherrennen, könnten wir ein Auge zudrücken, ohne uns darüber aufzuregen, denn kleine Kinder sind es gewohnt, zu rennen statt zu gehen. Auch kleine Kinder werden groß und rennen nicht mehr.

Wenn wir lernen, Dinge zu tolerieren und uns nicht dauernd aufzuregen, wird es uns besser gehen und wir werden uns leichter fühlen. Natürlich gibt es auch hier Grenzen, man kann seinen Mitmenschen alles sagen, wenn man es mit Respekt sagt und ohne den anderen zu beleidigen oder zu demütigen.

Toleranz erhöht die Grenze für das, was uns nicht passt und wütend macht.

Auch ich habe schon lange aufgehört, mich über Dinge aufzuregen, die ich nicht ändern kann, denn der Ärger schadet nur mir selbst und kann mich mit der Zeit krank machen.

Nächstenliebe

Das höchste Gut auf dieser Welt ist die Liebe. Die Liebe zu uns selbst und zu unserem inneren Kind.

Bevor wir andere Menschen, die Tiere und die Natur lieben können, müssen wir uns selbst lieben und annehmen können, so wie wir sind, mit all unseren guten und schlechten Seiten. Wenn jemand Mühe hat, sich diese Liebe zu geben, sollte er jeden Morgen vor den Spiegel stehen, sich ich in die Augen schauen und dann laut seinen Namen sagen und danach: „Ich liebe dich genauso, wie du bist." Es ist so wichtig, dass wir uns selbst lieben, denn sonst können wir auch andere nicht von Herzen gernhaben.

Nun kann es sein, dass wir trotz aller Versuche, unser inneres Kind zu lieben, es nicht fertigbringen, dies zu tun. Dann kann es sein, dass das innere Kind verletzt ist, durch Erlebnisse, oder Ereignisse in unserem Leben. Dann ist es gut, bei einem Medium oder sonst einer Person, der wir vertrauen, Hilfe zu suchen.

Es gibt keine mehr oder weniger Liebe, die Liebe, die aus dem Herzen kommt, ist für alle gleich. Es gibt nur mehr oder weniger hinsichtlich der Akzeptanz.

Wenn wir das begriffen haben, können wir die Menschen so annehmen, wie sie sind, ohne sie zu kritisieren oder zu bewerten. Jeder Mensch ist so, wie er ist und er tut das, was für ihn stimmt.

Und doch gibt es Menschen, bei denen wir fühlen, dass uns ihre Energie nicht guttut. Zu diesen Menschen kann man gleichwohl freundlich sein, ohne sich mit ihnen anzufreunden. Ich würde auch einer solchen Person helfen, wenn sie in Not wäre.

Auch die Tiere und die Natur verdienen unsere Nächstenliebe. Nächstenliebe hat mit Respekt und Mitgefühl zu tun.

Hilfsbereitschaft

Hilfsbereit zu sein, wenn man spürt, dass jemand in Not ist oder Hilfe braucht, ist eine schöne Tugend. Doppelt schön ist es, wenn die Hilfe nicht aufgezwungen wird. Wenn wir jemandem Hilfe anbieten, sollten wir demjenigen die Freiheit geben, diese Hilfe anzunehmen oder nicht und das ohne, danach beleidigt zu sein, falls er unsere Hilfsbereitschaft ablehnt oder nicht braucht. Das ist sehr wichtig.

Besonders bei älteren Menschen ist es wichtig, die Hilfe nicht zu erzwingen. Wenn wir das tun, nehmen wir ihnen stets Dinge ab, die sie noch selber tun können. Das schränkt ihre Selbstständigkeit ein und sie können immer weniger alleine tun. Sie können vieles noch, aber eben alles etwas langsamer und das braucht Geduld.

Das Gleiche gilt bei kleinen Kindern. Wir müssen lernen, ihnen etwas zuzutrauen, nachdem wir ihnen die Dinge erklärt haben. Das fördert auch ihre Selbstständigkeit. Erfahrung lernen wir durch das selbst Er- und Gelebte, nicht nur vom Erzählen der anderen.

Achtsamkeit

Was ist Achtsamkeit? Achtsamkeit bedeutet, die kleinen Dinge im Alltag zu sehen und sich daran zu freuen.

Beim Spaziergang die schönen Blumen zu sehen, die Schnecke mit ihrem schönen Haus kriechen zu sehen, dem Regenwurm zuzuschauen, wie er über das Gras kriecht oder die kleine Maus, die im Gebüsch davonhuscht.

Als unser Sohn noch klein war, gingen wir zusammen mit der Familie unserer Schwägerin an den Wochenenden wandern, in den Ferien in die Berge oder in den Nationalpark. Wir lehrten die Kinder, die Natur zu beobachten und sie zu respektieren.

In den Bergen setzten wir uns manchmal hin, ohne uns zu bewegen, ohne zu sprechen, und warteten einfach mal. Nach kurzer Zeit der Stille kam ein Murmeltier aus seinem Bau hervor und kurz darauf der Rest der Familie. Wir konnten zuschauen, wie die Jungen zusammen spielten und uns so lange daran erfreuen, bis andere Wanderer sich näherten. Das waren sehr schöne Erlebnisse der Achtsamkeit, die man ein Leben lang nicht vergisst.

Zusammen mit meinen beiden Enkelkindern legte ich mich manchmal auf eine grüne Wiese, um die weißen Wolken am Himmel zu beobachten. Immer wieder veränderten sich die Bilder und jede von uns sah eine andere Figur oder ein anderes Tier, das sich durch die Bewegung der Wolken bildete.

Wir legten uns auch unter eine Trauerweide und schauten dem Stamm entlang in die Krone des Baumes. Wir sahen, wie sich die Zweige im Wind bewegten und manchmal, wenn wir ganz still waren, konnten wir auch das leise Rauschen der Blätter hören.

Achtsam zu sein für sich selbst, für andere Menschen, für die Tiere und die Natur gibt einem ein inneres Gleichgewicht und man fühlt Ruhe und Gelassenheit in sich.

Vergebung

Zu verzeihen oder zu vergeben ist wohl für viele Menschen das Schwierigste von allem, was ich bis jetzt aufgezählt habe.

Wenn uns jemand verletzt hat, körperlich oder seelisch, dann ist es nicht einfach, diesem Menschen zu vergeben. Es ist aber sehr hilfreich, diese Verletzungen zu verarbeiten und dann abzulegen. Wenn man alles Negative, das man erlebt hat, dauerhaft mit sich herumträgt, wird man krank, am Körper oder in der Seele.

Ich habe die Erfahrung gemacht, dass, wenn ich eine Verletzung ablegen konnte, es mir danach viel besser ging. Die Narbe war noch da, aber das Messer nicht mehr, das sich in der Wunde drehte.

Ich habe schwierige Momente erlebt, aber heute bin ich frei, denn ich habe alles, was mir bewusst war, verarbeitet und manchmal mit der Hilfe von anderen Menschen entsorgt.

Einmal wurde ich von einer Gruppe von Menschen sehr verletzt. Der Hass und die Wut in mir wurden immer stärker. Doch dann sagte ich mir, diese Wut und dieser Hass werden mich zerstören, wenn ich sie weiter in mir trage.

Eines Abends habe ich aus tiefstem Herzen gebetet: „Vater im Himmel, vergib ihnen, denn sie wissen nicht, was sie tun." Nach dem Gebet spürte ich, wie eine schwere Last von meinen Schultern fiel, und ich fühlte mich leicht und frei. Danach konnte ich ohne Wut und Hass über dieses Ereignis sprechen, ohne dass es mich weiterhin aufwühlte.

Auch in einer solchen Situation muss jeder Mensch das tun, was für ihn stimmt. Jedes Individuum sieht die Erlebnisse anders und das ist auch gut so, denn wir sind auf dieser Welt, um zu lernen, um zu reifen und jeder tut das auf seine Art und Weise.

Das Glück liegt in Dir

Frau Rösch war eine aufgestellte junge Frau, als sie ihren Mann kennenlernte. Die gegenseitige Liebe wurde immer stärker und so beschlossen sie zu heiraten. In ihrem Herzen fehlte ihr das Gefühl des Glücklichseins. Sie dachte: ‚Wenn ich verheiratet bin, werde ich dieses Glück wohl kennenlernen, mein zukünftiger Mann wird mich sicher glücklich machen.' Nachdem sie verheiratet war, fühlte sie sich einige Monate glücklich, doch dann begann der Alltagstrott, die Routine des Lebens und so erlosch schon bald dieses Glücksgefühl.

Sie und ihr Mann beschlossen, in der Karibik Urlaub zu machen, denn sie arbeiteten beide in einem anstrengenden Beruf. In ihrem Innern hoffte sie, dass dieses Glücksgefühl in den Ferien zurückkommen würde.

Sie hatten sehr viel Spaß zusammen und unternahmen sehr viel. Sie hatten viel Spaß und trotzdem fehlte ihr dieses Gefühl des Glücks, auf das sie schon so lange wartete.

Zurück zu Hause waren sie schnell wieder in der täglichen Routine. Eines Tages sprach sie über ihre Gefühle mit ihrer besten Freundin. Diese war schon zehn Jahre verheiratet und immer noch glücklich.

Die Freundin hörte ihr zu, danach sagte sie zu ihr: „Weißt du, keine andere Person kann dich glücklich machen, das kannst nur du allein. Das Glück findest du auch nicht in einem anderen Land oder an einem anderen Ort. Du kannst um die ganze Welt reisen, um das Glück zu suchen, aber du wirst es nur in dir selbst finden. Glück ist auch nicht unser ständiger Begleiter, manchmal haben wir eben auch schwierige und traurige Zeiten durchzustehen.

Hinzu kommt, dass wir immer das bekommen, was wir zuerst gegeben haben. Wenn du Liebe willst, musst du sie zuerst geben, dann bekommst du sie hundertfach zurück. Wenn du das kannst, wird auch dein Mann dir Liebe geben. Dann wird man als Ehepaar in schönen, in schwierigen und in traurigen Zeiten zusammenstehen. Ich weiß, das gelingt nicht allen Menschen. Wenn zwei mit total verschiedenen Lebensansichten zusammenkommen, wird es schwierig, wenn nicht beide dazu beitragen aufeinander zuzugehen."

Wir Menschen sollten anfangen, in uns hineinzuhorchen, um zu spüren, wofür wir auf dieser Erde sind. Jede einzelne Person sollte bei sich selbst beginnen, an sich zu arbeiten, um sich im Innern zu entwickeln und umzudenken.

Wir sind auf dieser Welt, um Nächstenliebe, Hilfsbereitschaft, Toleranz, Respekt, Treue, Genügsamkeit, Ehrlichkeit und Demut zu leben und das nicht nur gegenüber den Menschen, sondern auch gegenüber den Tieren und der Natur.

Wenn wir unsere Einstellung nicht ändern und an uns arbeiten, weil ja sowieso alles esoterischer Quatsch ist, dann wird sich unsere Erde erst dann erholen und genesen, wenn sich die Menschheit durch ihre Arroganz, durch ihren Egoismus, durch ihre Gier nach Macht und Geld selbst ausgelöscht hat.

Ich kenne kein Tier, das so strohdumm ist und sich seine eigenen Lebensgrundlagen zerstört, das tut nur der Mensch.

Schlusswort

Vor Ostern habe ich mir den Film angesehen, in dem Moses sein Volk aus der Knechtschaft der Ägypter führte. Als sie am heiligen Berg auf ihn warteten und um das Goldene Kalb tanzten, das sie selbst erschaffen hatten und nun als ihren neuen Gott anbeteten, fiel es mir plötzlich wie Schuppen von den Augen. Das Volk ist heute nicht weiter, es steht an genau der gleichen Stelle wie damals.
Das heutige Goldene Kalb ist die Gier nach Macht und Geld und der übermäßige Kaufzwang. Immer muss es das Neuste sein, na ja, man ist ja sonst niemand, wenn man nicht das neueste Handy hat oder das teuerste Auto.
Warum wird man nicht ernst genommen, wenn man einfach nur man selbst ist?

Ganz zum Schluss möchte ich Ihnen noch etwas erzählen. Vom Novum Verlag erhielt ich einen sehr guten Vertrag. Leider hatte ich das Geld nicht, um die Kosten, die mit dem Vertrag verbunden waren, zu bezahlen. Ich fragte bei einigen Stiftungen an, ob sie mein Projekt unterstützen würden. Überall erhielt ich eine Absage. Schweren Herzens und sehr traurig schrieb ich dem Verlag eine Absage. Eine automatische Antwort-Mail kam zurück, dass mein zuständiger Betreuer noch in den Ferien sei. Am Abend betete ich aus tiefstem Herzen zu Gott und der geistigen Welt. Ich sagte: „Wenn ihr möchtet, dass mein Buch verlegt wird, brauche ich eure Hilfe. Ich schaffe es nicht allein." Am nächsten Tag ging ich einkaufen und traf eine Person, die ich schon lange kenne. Wir sprachen eine Zeit lang zusammen und dann erzählte ich ihr von meinem Buch. Sie hörte zu und sagte dann: „Warum haben Sie nicht mich gefragt?" Ich sagte ihr, dass ich mich niemals getraut hätte, weil ich nicht möchte, dass jemand wegen mir in finanzielle Schwierigkeiten gerät. Sie sagte mir, dass es für sie kein Problem sei und dass sie mir sehr gerne helfen möchte. Ich war sehr gerührt und musste weinen, danach habe ich sie umarmt und ihr aus tiefstem Herzen gedankt. Dank ihrer liebenswerten Hilfe, dank der Hilfe und dem Willen aus der geistigen Welt können nun alle, die das möchten, mein Buch lesen.

Die Autorin

Die 1938 und damit kurz vor dem Zweiten Weltkrieg in Bern geborene Silvia Savoia-Wälti lernte schon als Kind, zu verzichten. Trotzdem sagt sie von sich selbst, dass sie glücklich und zufrieden war. Mit 23 Jahren wurde sie schwer krank und hatte nur eine Überlebenschance von 50 Prozent. Aus Dankbarkeit, dass sie überlebte, und aus tief empfundener Nächstenliebe engagiert sie sich bis heute in verschiedenen Bereichen ehrenamtlich. Zum aktiven Schreiben kam die gelernte Schuhverkäuferin nach einigen Gedichten in der Schulzeit erst mit 70 Jahren. Auf zwei erfolgreiche Weihnachtsbücher blickt sie mit grosser Freude zurück. Silvia Savoia-Wälti ist seit 59 Jahren glücklich verheiratet, hat einen Sohn, eine liebe Schwiegertochter, 2 Enkelinnen sowie 2 Urenkel und zählt neben dem Schreiben Wandern, Stricken und Sprachen zu ihren Hobbys.

Der Verlag

> *Wer aufhört
> besser zu werden,
> hat aufgehört
> gut zu sein!*

Basierend auf diesem Motto ist es dem novum Verlag ein Anliegen, neue Manuskripte aufzuspüren, zu veröffentlichen und deren Autoren langfristig zu fördern. Mittlerweile gilt der 1997 gegründete und mehrfach prämierte Verlag als Spezialist für Neuautoren in Deutschland, Österreich und der Schweiz.

Für jedes neue Manuskript wird innerhalb weniger Wochen eine kostenfreie, unverbindliche Lektorats-Prüfung erstellt.

Weitere Informationen zum Verlag und seinen Büchern finden Sie im Internet unter:

w w w . n o v u m v e r l a g . c o m

Bewerten Sie dieses Buch auf unserer Homepage!

www.novumverlag.com